書名：斗數演例
系列：心一堂術數珍本古籍叢刊 星命類 紫微斗數系列
作者：心一堂編
主編、責任編輯：陳劍聰
心一堂術數古籍珍本叢刊編校小組：陳劍聰 素聞 梁松盛 鄒偉才 虛白盧主

出版：心一堂有限公司
通訊地址：香港九龍旺角彌敦道六一〇號荷李活商業中心十八樓〇五—〇六室
深港讀者服務中心：中國深圳市羅湖區立新路六號羅湖商業大廈負一層〇〇八室
電話號碼：(852)67150840
網址：publish.sunyata.cc
電郵：sunyatabook@gmail.com
網店：http://book.sunyata.cc
淘寶店地址：https://shop210782774.taobao.com
微店地址：https://weidian.com/s/1212826297
臉書：https://www.facebook.com/sunyatabook
讀者論壇：http://bbs.sunyata.cc/

版次：二零一三年九月初版
平裝

港幣 一百九十八元正
定價：人民幣 一百九十八元正
新台幣 六百八十元正

國際書號：ISBN 978-988-8266-03-6

香港發行：香港聯合書刊物流有限公司
地址：香港新界大埔汀麗路36號中華商務印刷大廈3樓
電話號碼：(852)2150-2100
傳真號碼：(852)2407-3062
電郵：info@suplogistics.com.hk

台灣發行：秀威資訊科技股份有限公司
地址：台灣台北市內湖區瑞光路七十六巷六十五號一樓
電話號碼：+886-2-2796-3638
傳真號碼：+886-2-2796-1377
網絡書店：www.bodbooks.com.tw
台灣國家書店讀者服務中心：
地址：台灣台北市中山區松江路二〇九號一樓
電話號碼：+886-2-2518-0207
傳真號碼：+886-2-2518-0778
網絡書店：http://www.govbooks.com.tw

中國大陸發行 零售：深圳心一堂文化傳播有限公司
深圳地址：深圳市羅湖區立新路六號羅湖商業大廈負一層〇〇八室
電話號碼：(86)0755-82224934

心一堂微店二維碼

心一堂淘寶店二維碼

心一堂術數古籍珍本叢刊 總序

術數定義

術數，大概可謂以「推算、推演人(個人、群體、國家等)、事、物、自然現象、時間、空間方位等規律及氣數，並或通過種種『方術』，從而達致趨吉避凶或某種特定目的」之知識體系和方法。

術數類別

我國術數的內容類別，歷代不盡相同，例如《漢書・藝文志》中載，漢代術數有六類：天文、曆譜、無行、蓍龜、雜占、形法。至清代《四庫全書》，術數類則有：數學、占候、相宅相墓、占卜、命書、相書、陰陽五行、雜技術等，其他如《後漢書・方術部》、《藝文類聚・方術部》、《太平御覽・方術部》等，對於術數的分類，皆有差異。古代多把天文、曆譜、及部份數學均歸入術數類，而民間流行亦視傳統醫學作為術數的一環；此外，有些術數與宗教中的方術亦往往難以分開。現代學界則常將各種術數歸納為五大類別：命、卜、相、醫、山，通稱「五術」。

本叢刊在《四庫全書》的分類基礎上，將術數分為九大類別：占筮、星命、相術、堪輿、選擇、三式、讖緯、理數(陰陽五行)、雜術。而未收天文、曆譜、算術、宗教方術、醫學。

術數思想與發展——從術到學，乃至合道

我國術數是由上古的占星、卜蓍、形法等術發展下來的。其中卜蓍之術，是歷經夏商周三代而通過「龜卜、蓍筮」得出卜(卦)辭的一種預測(吉凶成敗)術，之後歸納並結集成書，此即現傳之《易經》。經過春秋戰國至秦漢之際，受到當時諸子百家的影響、儒家的推崇，遂有《易傳》等的出現，原本是卜蓍術書的《易經》，被提升及解讀成有包涵「天地之道(理)」之學。因此，《易・繫辭傳》曰：「易與天地準，故能彌綸天地之道。」

漢代以後，易學中的陰陽學說，與五行、九宮、干支、氣運、災變、律曆、卦氣、讖緯、天人感應說等相結合，形成易學中象數系統。而其他原與《易經》本來沒有關係的術數，如占星、形法、選擇，亦漸漸以易理（象數學說）為依歸。《四庫全書．易類小序》云：「術數之興，多在秦漢以後。要其旨，不出乎陰陽五行，生尅制化。實皆《易》之支派，傅以雜說耳。」至此，術數可謂已由「術」發展成「學」。

及至宋代，術數理論與理學中的河圖洛書、太極圖、邵雍先天之學及皇極經世等學說給合，通過術數以演繹理學中「天地中有一太極，萬物中各有一太極」（《朱子語類》）的思想。術數理論不單已發展至十分成熟，而且也從其學理中衍生一些新的方法或理論，如《梅花易數》、《河洛理數》等。

在傳統上，術數功能往往不止於僅僅作為趨吉避凶的方術，及「能彌綸天地之道」的學問，亦有其「修心養性」的功能，「與道合一」（修道）的內涵。《素問．上古天真論》：「上古之人，其知道者，法於陰陽，和於術數。」數之意義，不單是外在的算數、歷數、氣數，而是與理學中同等的「道」、「理」——心性的功能，北宋理氣家邵雍對此多有發揮：「聖人之心，是亦數也」、「萬化萬事生乎心」、「心為太極」。《觀物外篇》：「先天之學，心法也。……蓋天地萬物之理，盡在其中矣，心一而不分，則能應萬物。」反過來說，宋代的術數理論，受到當時理學、佛道及宋易影響，認為心性本質上是等同天地之太極。天地萬物氣數規律，能通過內觀自心而有所感知，即是內心也已具備有術數的推演及預測、感知能力；相傳是邵雍所創之《梅花易數》，便是在這樣的背景下誕生。

《易．文言傳》已有「積善之家，必有餘慶；積不善之家，必有餘殃」之說，至漢代流行的災變說及讖緯說，我國數千年來都認為天災，異常天象（自然現象），皆與一國或一地的施政者失德有關；下至家族、個人之盛衰，也都與一族一人之德行修養有關。因此，我國術數中除了吉凶盛衰理數之外，人心的德行修養，也是趨吉避凶的一個關鍵因素。

術數與宗教、修道

在這種思想之下，我國術數不單只是附屬於巫術或宗教行為的方術，又往往已是一種宗教的修煉手段——通過術數，以知陰陽，乃至合陰陽（道）。「其知道者，法於陰陽，和於術數。」例如，「奇門遁甲」術中，即分為「術奇門」與「法奇門」兩大類。「法奇門」中有大量道教中符籙、手印、存想、內煉的內容，是道教內丹外法的一種重要外法修煉體系。甚至在雷法一系的修煉上，亦大量應用了術數內容。此外，相術、堪輿術中也有修煉望氣色的方法；堪輿家除了選擇陰陽宅之吉凶外，也有道教中選擇適合修道環境(法、財、侶、地中的地)的方法，以至通過堪輿術觀察天地山川陰陽之氣，亦成為領悟陰陽金丹大道的一途。

易學體系以外的術數與的少數民族的術數

我國術數中，也有不用或不全用易理作為其理論依據的，如楊雄的《太玄》、司馬光的《潛虛》。也有一些占卜法、雜術不屬於《易經》系統，不過對後世影響較少而已。

外來宗教及少數民族中也有不少雖受漢文化影響(如陰陽、五行、二十八宿等學說)但仍自成系統的術數，如古代的西夏、突厥、吐魯番等占卜及星占術，藏族中有多種藏傳佛教占卜術、苯教占卜術、擇吉術、推命術、相術等；北方少數民族有薩滿教占卜術；不少少數民族如水族、白族、布朗族、佤族、彝族、苗族等，皆有占雞(卦)草卜、雞蛋卜等術，納西族的占星術、占卜術，彝族畢摩的推命術、占卜術…等等，都是屬於《易經》體系以外的術數。相對上，外國傳入的術數以及其理論，對我國術數影響更大。

曆法、推步術與外來術數的影響

我國的術數與曆法的關係非常緊密。早期的術數中，很多是利用星宿或星宿組合的位置(如某星在某州或某宮某度)付予某種吉凶意義，并據之以推演，例如歲星(木星)、月將(某月太陽所躔之宮次)等。不過，由於不同的古代曆法推步的誤差及歲差的問題，若干年後，其術數所用之星辰的位置，已與真實星辰的位置不一樣了；此如歲星(木星)，早期的曆法及術數以十二年為一周期(以應地支)，與木星真實周期十一點八六年，每幾十年便錯一宮。後來術家又設一「太歲」的假想星體來解決，是歲星運行的相反，週期亦剛好是十二年。而術數中的神煞，很多即是根據太歲的位置而定。又如六壬術中的「月將」，原是立春節氣後太陽躔娵訾之次而稱作「登明亥將」，至宋代，因歲差的關係，要到雨水節氣後太陽才躔娵訾之次，當時沈括提出了修正，但明清時六壬術中「月將」仍然沿用宋代沈括修正的起法沒有再修正。

由於以真實星象周期的推步術是非常繁複，而且古代星象推步術本身亦有不少誤差，大多數術數除依曆書保留了太陽（節氣）、太陰（月相）的簡單宮次計算外，漸漸形成根據干支、日月等的各自起例，以起出其他具有不同含義的眾多假想星象及神煞系統。唐宋以後，我國絕大部份術數都主要沿用這一系統，也出現了不少完全脫離真實星象的術數，如《子平術》、《紫微斗數》、《鐵版神數》等。後來就連一些利用真實星辰位置的術數，如《七政四餘術》及選擇法中的《天星選擇》，也已與假想星象及神煞混合而使用了。

隨着古代外國曆（推步）、術數的傳入，如唐代傳入的印度曆法及術數，元代傳入的回回曆等，其中我國占星術便吸收了印度占星術中羅睺星、計都星等而形成四餘星，又通過阿拉伯占星術而吸收了其中來自希臘、巴比倫占星術的黃道十二宮、四元素學說（地、水、火、風），並與我國傳統的二十八宿、五行說、神煞系統並存而形成《七政四餘術》。此外，一些術數中的北斗星名，不用我國傳統的星名：天樞、天璿、天璣、天權、玉衡、開陽、搖光，而是使用來自印度梵文所譯的：貪狼、巨門、祿存、文曲，廉貞、武曲、破軍等，此明顯是受到唐代從印度傳入的曆法及占星術所影響。如星命術的《紫微斗數》及堪輿術的《撼龍經》等文獻中，其星皆用印度譯名。及至清初《時憲曆》，置潤之法則改用西法「定氣」。清代以後的術數，又作過不少的調整。

術數在古代社會及外國的影響

術數在古代社會中一直扮演着一個非常重要的角色，影響層面不單只是某一階層、某一職業、某一年齡的人，而是上自帝王，下至普通百姓，從出生到死亡，不論是生活上的小事如洗髮、出行等，大事如建房、入伙、出兵等，從個人、家族以至國家，從天文、氣象、地理到人事、軍事，從民俗、學術到宗教，都離不開術數的應用。如古代政府的中欽天監（司天監），除了負責天文、曆法、輿地之外，亦精通其他如星占、選擇、堪輿等術數，除在皇室人員及朝庭中應用外，也定期頒行日書、修定術數，使民間對於天文、日曆用事吉凶及使用其他術數時，有所依從。

在古代，我國的漢族術數，甚至影響遍及西夏、突厥、吐蕃、阿拉伯、印度、東南亞諸國、朝鮮、日本、越南等地，其中朝鮮、日本、越南等國，一至到了民國時期，仍然沿用着我國的多種術數。

術數研究

術數在我國古代社會雖然影響深遠，「是傳統中國理念中的一門科學，從傳統的陰陽、五行、九宮、八卦、河圖、洛書等觀念作大自然的研究。……傳統中國的天文學、數學、煉丹術等，要到上世紀中葉始受世界學者肯定。可是，術數還未受到應得的注意。術數在傳統中國科技史、思想史，文化史、社會史，甚至軍事史都有一定的影響。……更進一步了解術數，我們將更能了解中國歷史的全貌。」（何丙郁《術數、天文與醫學 中國科技史的新視野》，香港城市大學中國文化中心。）

可是術數至今一直不受正統學界所重視，加上術家藏秘自珍，又揚言天機不可洩漏，「（術數）乃吾國科學與哲學融貫而成一種學說，數千年來傳衍嬗變，或隱或現，全賴一二有心人為之繼續維繫，賴以不絕，其中確有學術上研究之價值，非徒癡人說夢，荒誕不經之謂也。其所以至今不能在科學中成立一種地位者，實有數困。蓋古代士大夫階級目醫卜星相為九流之學，多恥道之；而發明諸大師又故為惝恍迷離之辭，以待後人探索；間有一二賢者有所發明，亦秘莫如深，既恐洩天地之秘，複恐譏為旁門左道，始終不肯公開研究，成立一有系統說明之書籍，貽之後世。故居今日而欲研究此種學術，實一極困難之事。」（民國徐樂吾《子平真詮評註》，方重審序）

現存的術數古籍，除極少數是唐、宋、元的版本外，絕大多數是明、清兩代的版本。其內容也主要是明、清兩代流行的術數，唐宋以前的術數及其書籍，大部份均已失傳，只能從史料記載、出土文獻、敦煌遺書中稍窺一鱗半爪。

術數版本

坊間術數古籍版本，大多是晚清書坊之翻刻本及民國書賈之重排本，其中豕亥魚魯，或而任意增刪，往往文意全非，以至不能卒讀。現今不論是術數愛好者，還是民俗、史學、社會、文化、版本等學術研究者，要想得一常見術數書籍的善本、原版，已經非常困難，更遑論稿本、鈔本、孤本。在文獻不足及缺乏善本的情況下，要想對術數的源流、理法、及其影響，作全面深入的研究，幾不可能。

有見及此，本叢刊編校小組經多年努力及多方協助，在中國、韓國、日本等地區搜羅了一九四九年以前漢文為主的術數類善本、珍本、鈔本、孤本、稿本、批校本等千餘種，精選出其中最佳版本，以最新數碼技術清理、修復版面，更正明顯的錯訛，部份善本更以原色精印，務求更勝原本，以饗讀者。不過，限於編校小組的水平，版本選擇及考證、文字修正、提要內容等方面，恐有疏漏及舛誤之處，懇請方家不吝指正。

心一堂術數古籍珍本叢刊編校小組

二零零九年七月

男人斗數重命、身、官祿、財帛、遷移。老看福德宮（罕微）

女人看夫、子、女、福德三宮。命身官財遷移次之。然民國之子女皆能自立，入政財界，則看法似宜與男子命同樣看法。

流年吉凶看流貴、流祿能照大小限、太歲，其本宮吉則佳，本宮凶減福。流羊、流陀及七殺、火、鈴、羊、擊、傷、使及太歲沖照大小限則凶，加喪门、弔客、白虎、大耗各煞更凶。

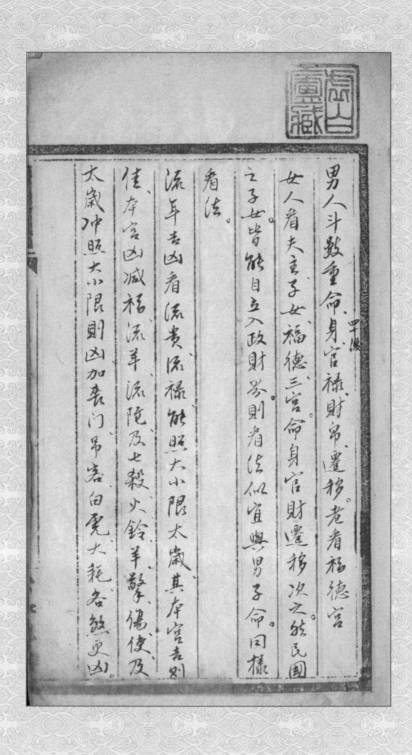

斗數推命要訣

一、命宮

二、身宮

三、三方　申子辰、寅午戌、巳酉丑、亥卯未、

四、四正沖也　子午、丑未、寅申、卯酉、辰戌、巳亥、

五、命主、身主、

六、陰陽不亂　如陽命安陰宮陰命安陽宮則亂也

七、紫府祿馬居緊要之鄉

八、主星 武貪破廉巨 金木水火土與命局相生

九、紫府祿馬不落空。截空天空最緊

十、甲子順數法：

甲子 乙丑 丙寅 丁卯 戊辰 己巳 庚午 辛未 壬申 癸酉

甲戌 乙亥 丙子 丁丑 戊寅 己卯 庚辰 辛巳 壬午 癸未

甲申 乙酉 丙戌 丁亥 戊子 己丑 庚寅 辛卯 壬辰 癸巳

甲午 乙未 丙申 丁酉 戊戌 己亥 庚子 辛丑 壬寅 癸卯

甲辰 乙巳 丙午 丁未 戊申 己酉 庚戌 辛亥 壬子 癸丑

甲寅 乙卯 丙辰 丁巳 戊午 己未 庚申 辛酉 壬戌 癸亥

飛星斗數演法

分陰陽男女

凡甲、丙、戊、庚、壬、年生者男為陽男女為陽女

凡乙、丁、己、辛、癸、年生者男為陰男女為陰女

安命垣法

在寅宮起正月順數至本生月又自本生月起子時逆數至本生時安命

安身垣法

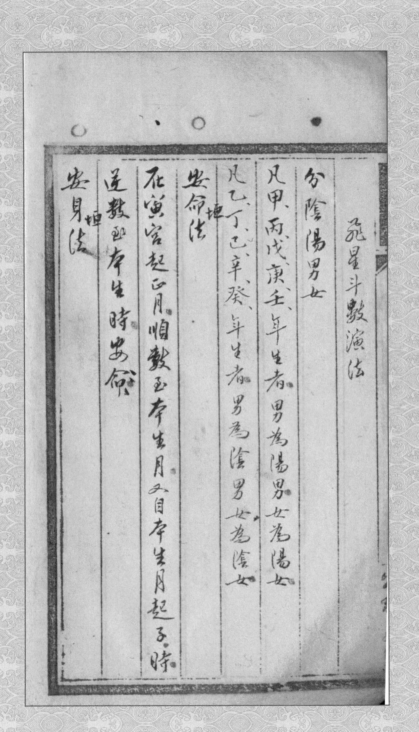

在寅宮起正月順數至本生月又自本生月起子
時順數至本生時安身

安十二宮　男女俱從逆轉如次

一、命垣　二、兄弟　三、妻妾（夫君）　四、子女　五、財帛　六、疾厄

七、遷移　八、奴僕　九、官祿　十、田宅　十一、福德　十二、父母

依生年某干起某寅遁至命宮屬何干支再查命宮
之干支五行所屬即為某局

遁局簡明表　納音

甲己年生	乙庚年生	丙辛年生	丁壬年生	戊癸年生
丙寅火	戊寅土	庚寅木	壬寅金	甲寅水
丁卯火	己卯土	辛卯木	癸卯金	乙卯水
戊辰木	庚辰金	壬辰水	甲辰火	丙辰土
己巳木	辛巳金	癸巳水	乙巳火	丁巳土
庚午土	壬午木	甲午金	丙午水	戊午火
辛未土	癸未木	乙未金	丁未水	己未火
壬申金	甲申水	丙申火	戊申土	庚申木

癸酉 金 乙酉 水 丁酉 火 己酉 土 辛酉 木
甲戌 火 丙戌 土 戊戌 木 庚戌 金 壬戌 水
乙亥 火 丁亥 土 己亥 木 辛亥 金 癸亥 水
丙子 水 戊子 火 庚子 土 壬子 木 甲子 金
丁丑 水 己丑 火 辛丑 土 癸丑 木 乙丑 金

金四局 以武曲為主星 命逢有武曲則富貴
木三局 以天機為主星 餘類推
水二局 以破軍為主星

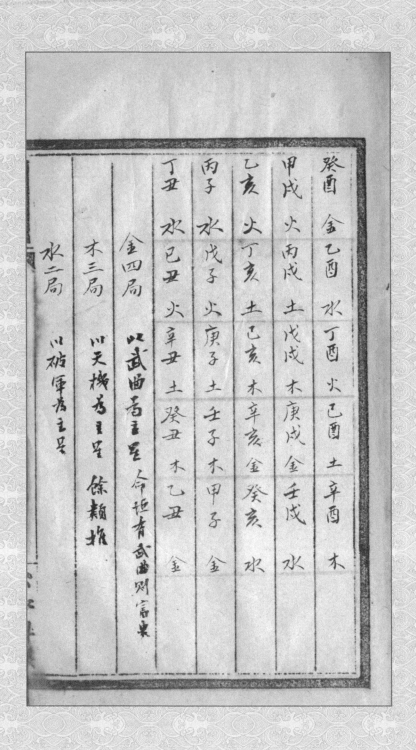

火六局　以廉貞為主星

土五局　以巨門為主星

起紫微法

由局尋生日在某宮即由某宮起紫微。如土局生日初四即

在丑宮起紫微如水局十五日生即看水局十五日在申宮

起紫微

紫微簡明表

生日　金局　木局　水局　火局　土局

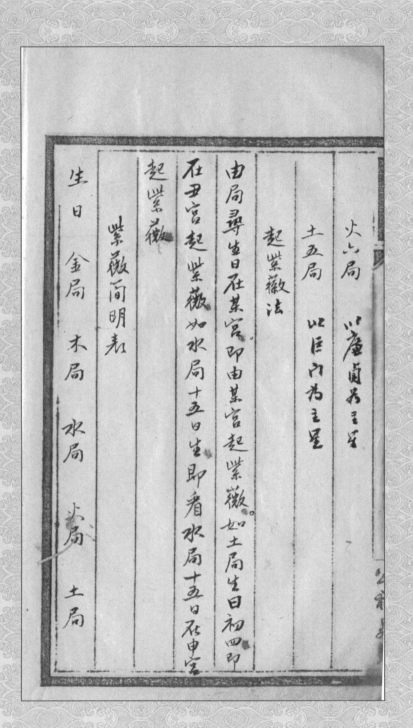

初一	亥	辰	丑	酉	午
初二	辰	丑	寅	午	亥
初三	丑	寅	寅	亥	辰
初四	寅	巳	卯	辰	丑
初五	子	寅	卯	丑	寅
初六	巳	卯	辰	寅	未
初七	寅	午	辰	戌	子
初八	卯	卯	巳	未	巳

初九	丑	辰	巳	子	寅
初十	午	未	午	巳	卯
十一	卯	辰	午	寅	申
十二	辰	巳	未	卯	丑
十三	寅	申	未	亥	午
十四	未	巳	申	申	卯
十五	辰	午	申	丑	辰
十六	巳	酉	酉	午	酉

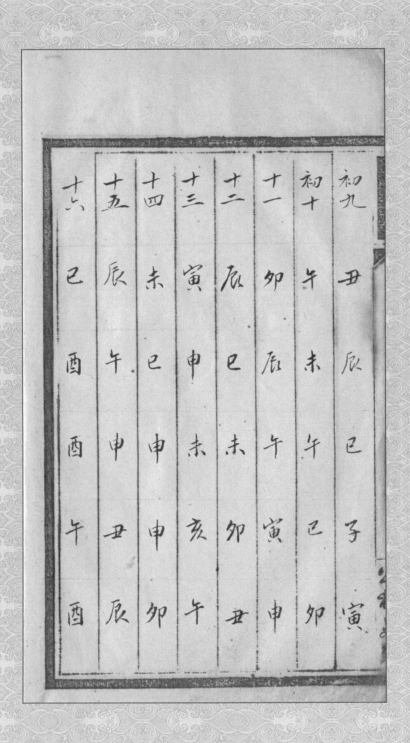

十七	卯	午	酉	卯	寅
十八	申	未	戌	辰	未
十九	巳	戌	戌	子	辰
二十	午	未	亥	酉	巳
二十一	辰	申	亥	寅	戌
二十二	酉	亥	子	未	卯
二十三	午	申	子	辰	申
二十四	未	酉	丑	巳	巳

二十五	巳	子	丑	丑	午
二十六	戌	酉	寅	戌	亥
二十七	未	戌	寅	卯	辰
二十八	申	丑	卯	申	酉
二十九	午	戌	卯	巳	午
三十	亥	亥	辰	午	未

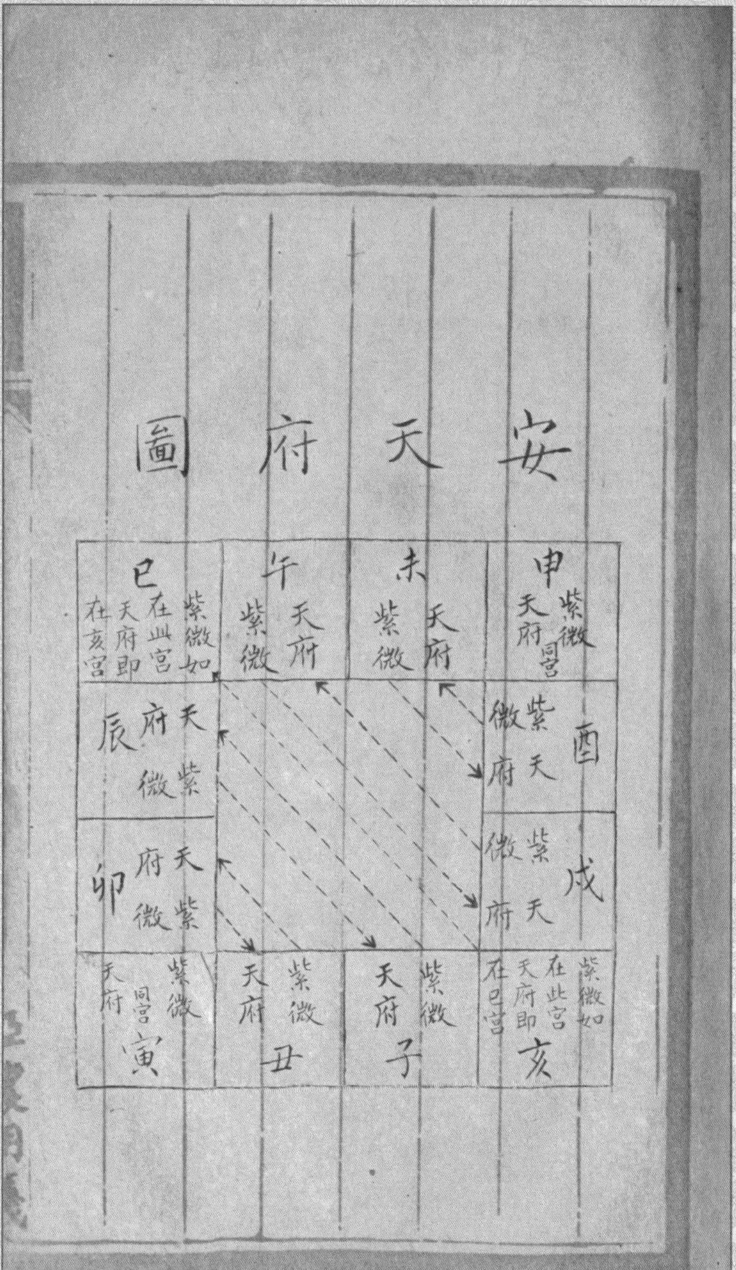
安天府圖
巳
紫微如在此宮天府即在亥宮
午
天府
紫微
未
天府
紫微
申
紫微
天府同宮
辰
天府
紫微
酉
紫微
天府
卯
天府
紫微
戌
紫微
天府
寅
紫微
天府同宮
丑
紫微
天府
子
紫微
天府
亥
紫微如在此宮天府即在巳宮

金局 初五

木局 二十五

水局 十二 二十三

火局 初九 十九

土局 初七

紫微在子

巳	午	未	申
太陰 水	貪狼 水	巨門 土 天同 水	天相 水 武曲 金
辰：天府 土 廉貞 火	紫微在子	子	酉：天梁 土 太陽 火
卯	安隨紫微天府諸正曜餘仿此		戌：七殺 金
寅：破軍 水	丑	子：紫微 土	亥：天機 木

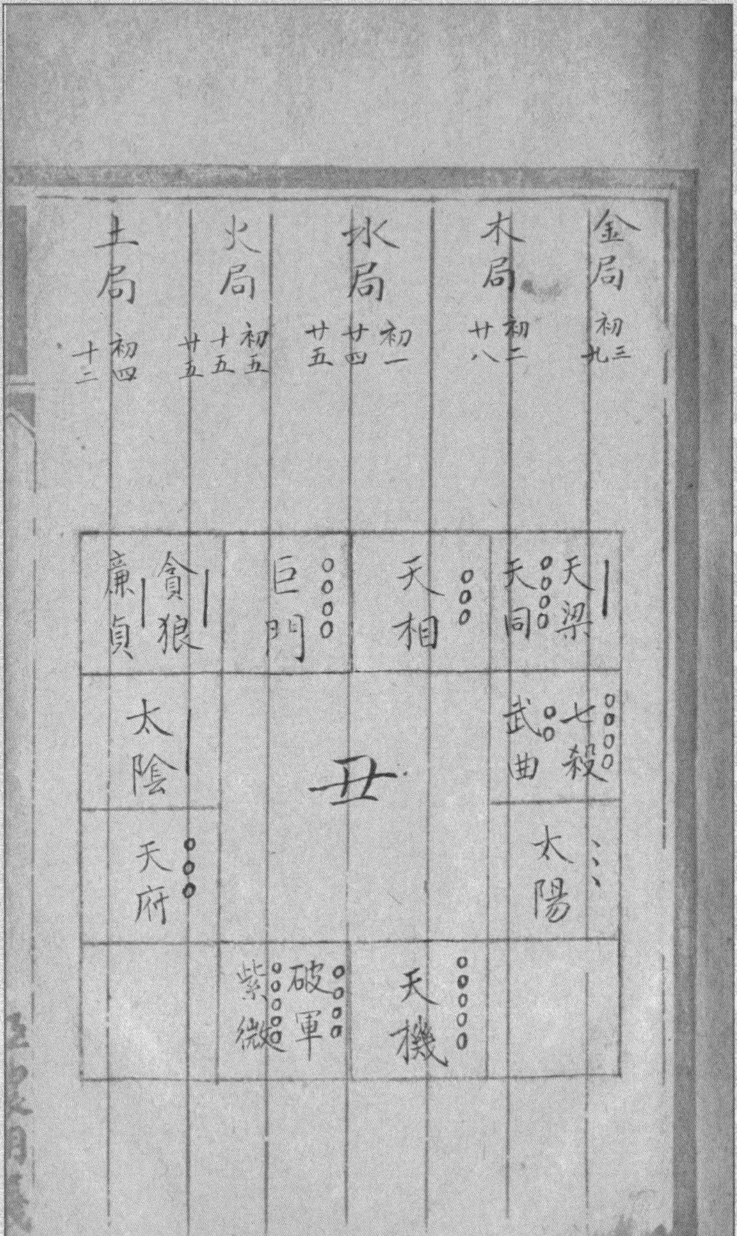

金局 初三 九

木局 初二 廿八

氷局 初一 廿四 廿五

火局 初五 十五 廿五

土局 初四 十三

貪狼 廉貞	巨門	天相	天梁 天同
太陰	丑		七殺 武曲
天府			太陽
	破軍 紫微	天機	

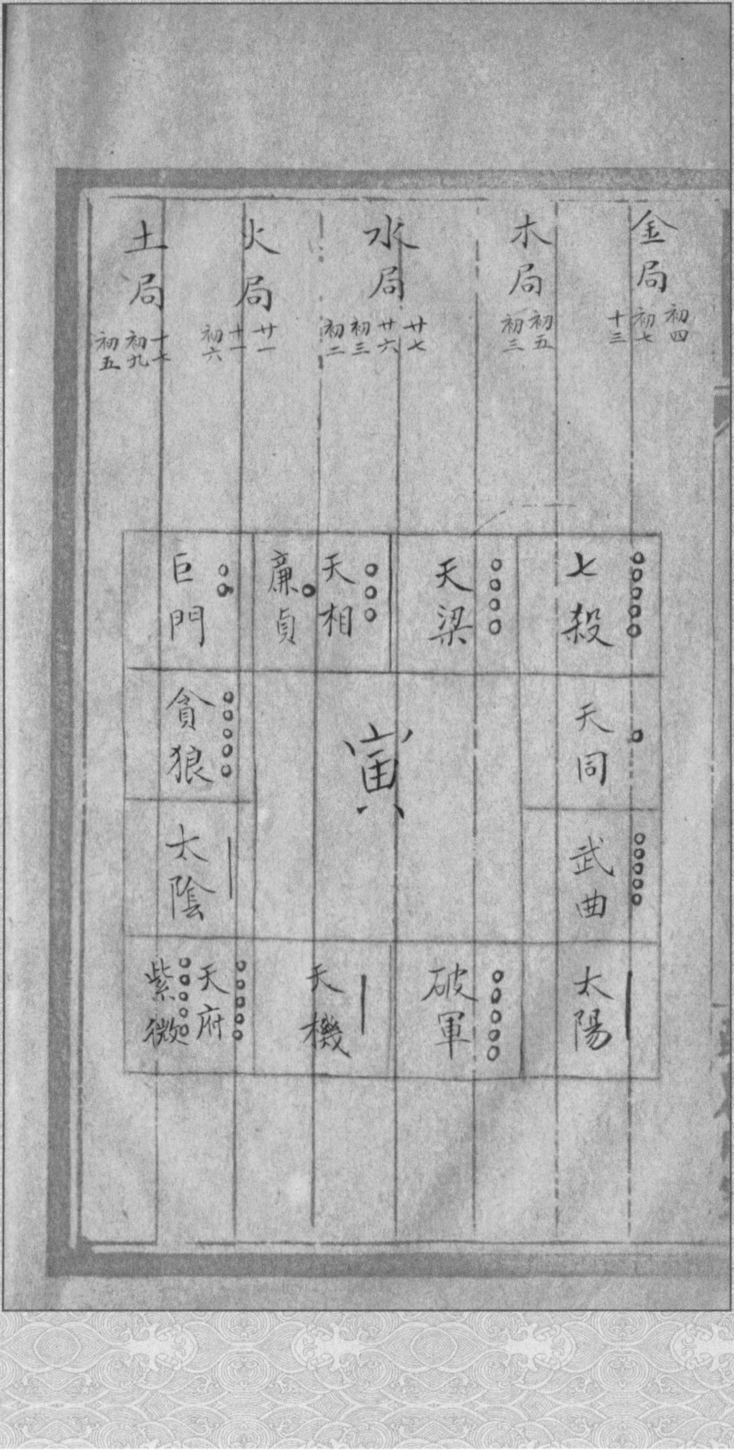
金局
初四
初七
十三
木局
初五
初三
水局
廿七
廿六
初三
初二
火局
廿一
十一
初六
土局
十七
初九
初五
七殺
天梁
天相
廉貞
巨門
天同
貪狼
寅
武曲
太陰
太陽
破軍
天機
天府
紫微

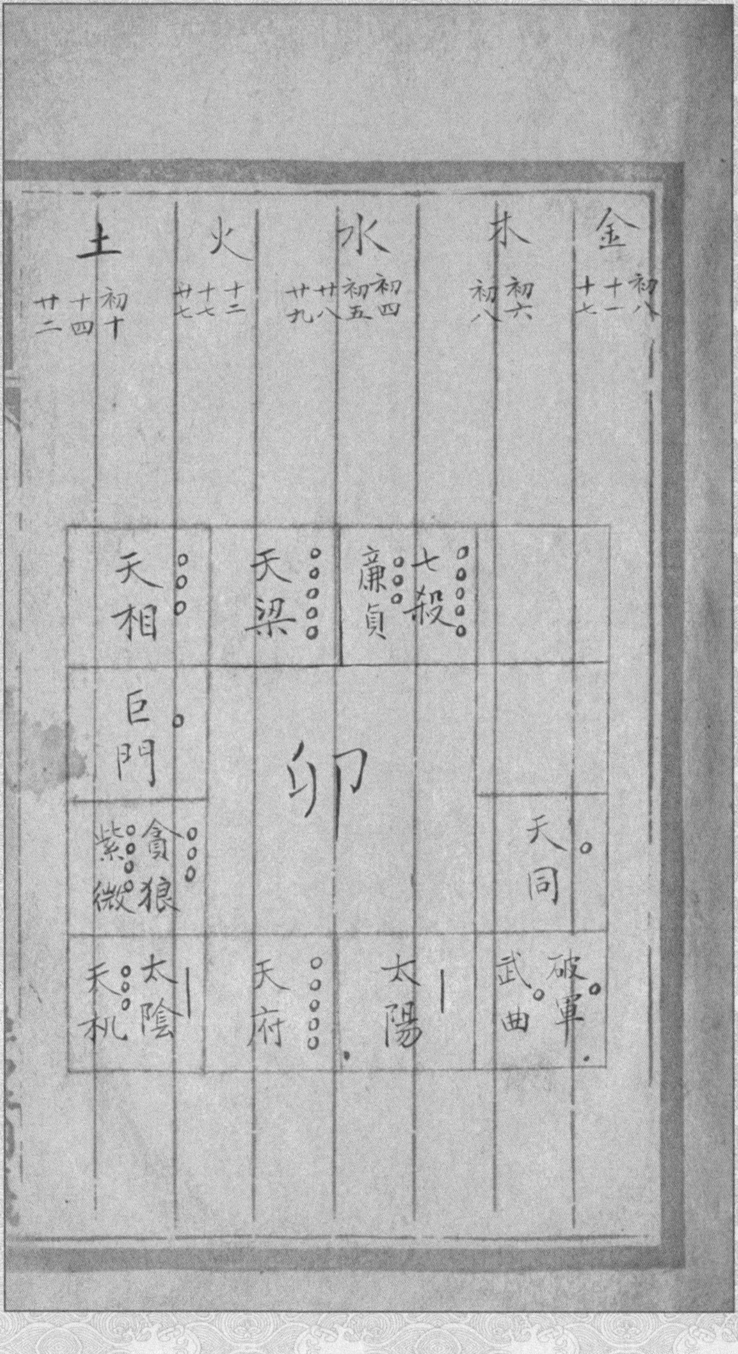
土
初十 十四 廿二
火
十二 十七 廿七
水
初四 初五 廿八 廿九
木
初六 初八
金
初八 十一 十七
天相
天梁
七殺
廉貞
巨門
卯
貪狼
紫微
天同
太陰
天机
天府
太陽
破軍
武曲

金局 十五 十二 廿一 初二
木局 十一 初九 初一
水局 三十 初七 初六
火局 廿三 十八 初四
土局 廿七 十九 十五 初三
廉貞
七殺
天梁
紫微 天相
辰
破軍
天機 巨門
天同
武曲 天府
太陰 太陽
貪狼

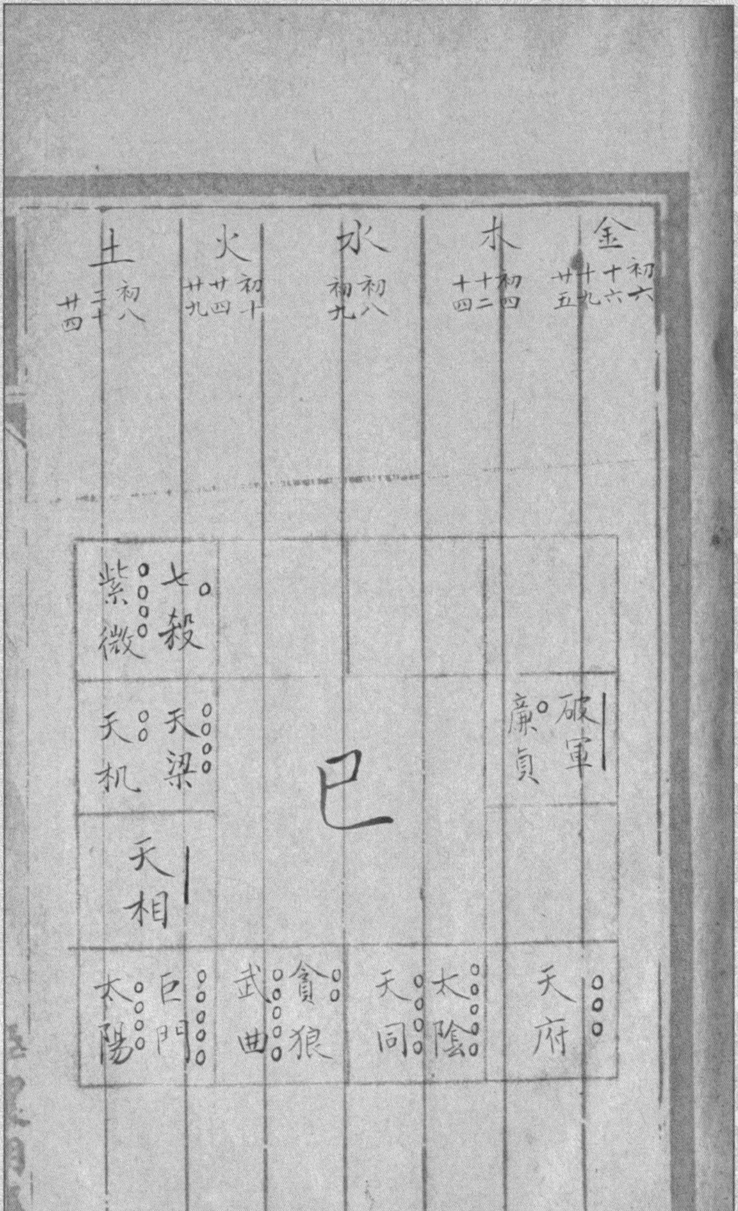
土
初八 二十 廿四
火
初十 廿四 廿九
水
初八 初九
木
初四 十二 十四
金
初六 十六 十九 廿五
紫微
七殺
天機
天梁
天相
巳
破軍
廉貞
太陽
巨門
武曲
貪狼
天同
太陰
天府

金局 二十 廿九 初四 廿三

木局 十七 十五 初七

水局 十一 初十

火局 三十 十六 初二

土局 廿九 廿五 十三 初一

破軍

紫微

天機

七殺

午

廉貞 天府

天梁 太陽

太陰

貪狼

巨門 天同

天相 武曲

金局 廿七 廿四 十四
木局 初十 十八 二十
水局 十二 十三
火局 初八 廿二
土局 初六 十八 三十
天機
紫微 破軍
太陽
未
天府
太陰
武曲 七殺
天同 天梁
天相
巨門
廉貞 貪狼

金局 廿八 十六

木局 廿三 廿一 十三

水局 十五 十四

火局 廿八 十四

土局 十一 廿三

太陽	破軍	天機	天府 紫微
武曲	申		太陰
天同			貪狼
七殺	天梁	天相 廉貞	巨門

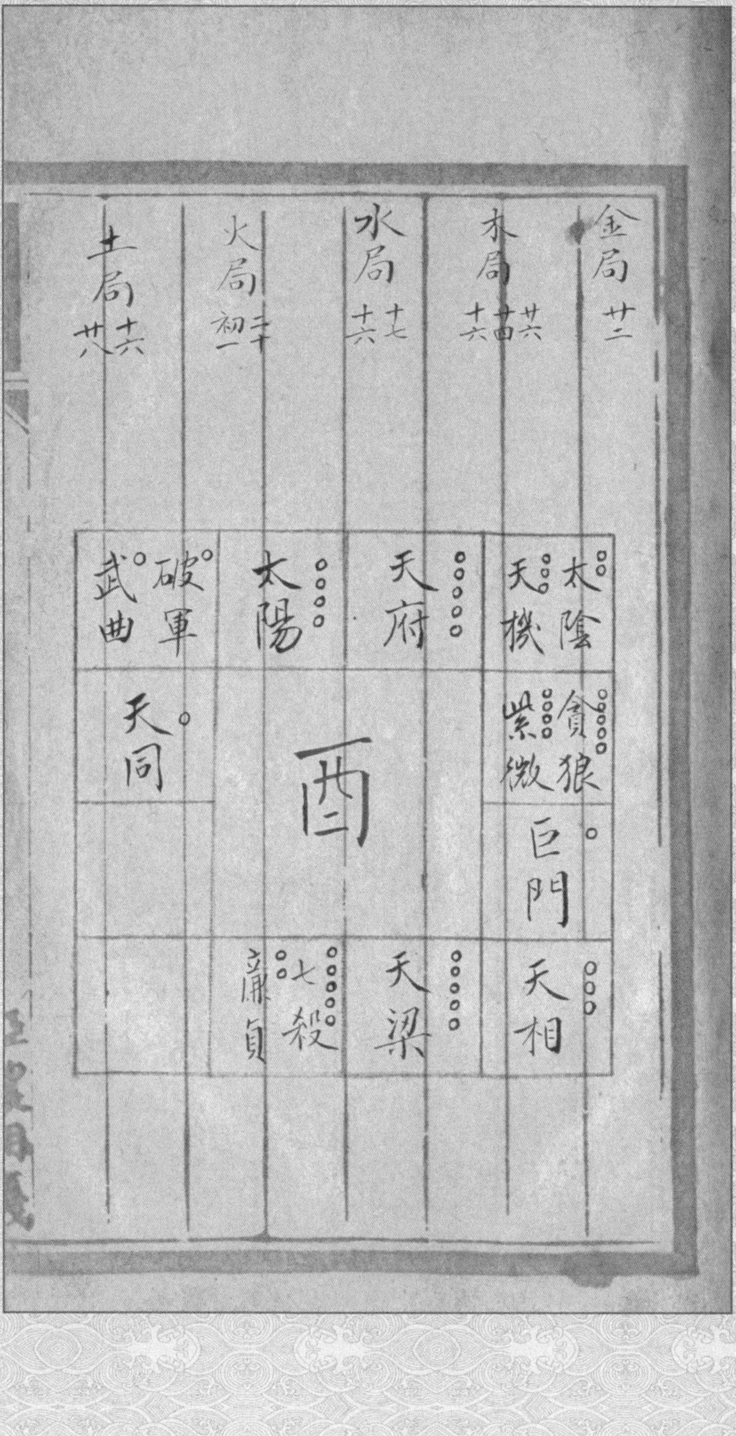

金局 廿二

木局 廿六 廿四 十六

水局 十七 十六

火局 二十 初一

土局 十六 廿八

破軍 武曲	太陽	天府	太陰 天機
天同	酉		貪狼 紫微
			巨門
	七殺 廉貞	天梁	天相

本局五行化日疑誤抄酉局，故与酉同。以再照納音表改正如下：

金 廿六　木 十九 廿九　廿七　水 十六 十九　火 初七 廿六　土 廿一　（編）

土局	火局	水局	木局	金局
十六 廿八	二十 初一	十六 廿七 十九	十六 廿四 廿六 廿七	廿二

天同	天府 武曲	太陽 太陰	貪狼
破軍	戌		天機 巨門
			紫微 天相
廉貞		七殺	天梁

金局 三十 初一

木局 二十 廿二

水局 廿一 二十

火局 十三 初三

土局 廿六 初二

巨門 太陽

貪狼 武曲

太陰 天同

天府

天相

亥

天梁 天機

破軍 廉貞

七殺 紫微

安各星演法

安文昌　巳丑酉入廟申子辰得地亥卯未利益寅午戌陷
以戌宮起子時逆數至本生時安之

安文曲　巳丑酉入廟申子辰得地卯亥未旺寅和平午戌陷
以辰宮起子時順數至本生時安之

安左輔　以辰宮起正月順數至本生月安之

安右弼　以戌宮起正月逆數至本生月安之

安天魁　按本生年干屬

甲、戊、庚、者安丑宮　乙、巳、者安子宮

六辛、者安午宮　壬、癸、者安卯宮

丙、丁、者安亥宮

安天鉞　按本生年干屬

甲、戊、庚、者安未宮　乙、己、者安申宮

六辛、者安寅宮　壬、癸、者安巳宮

丙丁、者安酉宮

安天馬　按本生年支屬

如安命在辰戌丑未遇夫妻宮在寅申巳亥有天馬若得同位或三方照臨必主男為官女封贈不然禄馬交馳亦吉

寅午戌者安申宮　申子辰者安寅宮

巳酉丑者安亥宮　亥卯未者安巳宮

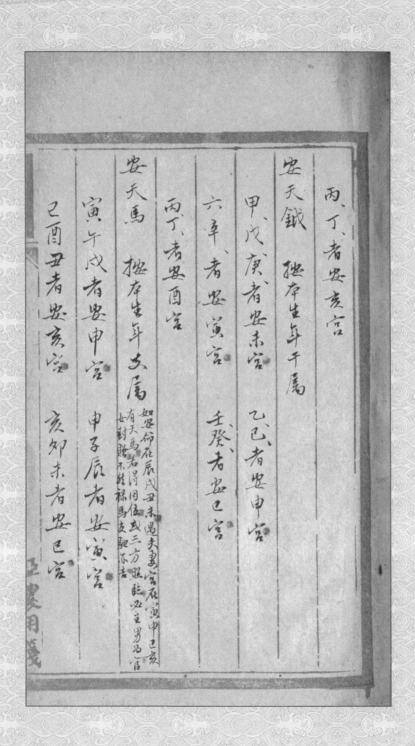

安祿存　按本生年干属

甲在寅宫　乙在卯宫　丙戊在巳宫　丁己在午宫

庚在申宫　辛在酉宫　壬在亥宫　癸在子宫

安擎羊　在祿存前安之　如祿在寅羊在卯

辰戌丑未生人廟利寅宫得地子午卯酉陷地

辰戌丑未生人廟利寅申巳亥陷地

安陀羅　在祿存後安之　如祿在寅陀在丑

安火星　按本生年支属　寅午戌人宜申子辰陷災吝困

巳酉丑人得地吉亥卯未人利益多發福

寅午戌者丑宫起子順數至生時安之

申子辰者寅宫起子……安之

變化看此
流年四星
祿權科忌

巳酉丑者戌宮起子……安之
亥卯未者酉宮起子……安之

安鈴星　按本生年支　西北生人作事庸

寅午戌者卯宮起子順數出生時安之
申子辰者戌宮……安之
巳酉丑者卯宮……安之
亥卯未者戌宮……安之

安祿、權、科、忌、變化。按本生年干、變化如次

甲生者廉化祿 破化權 武化科 陽化忌

乙生者機〃 梁〃 紫〃 月〃

丙生者同〃 机〃 昌〃 廉〃

丁生者月〃 同〃 机〃 巨〃

戊生者貪〃 月〃 弼〃 機〃

己生者武〃 貪〃 梁〃 曲〃

庚生者陽〃 武〃 同〃 陰〃 一書陰係相字

辛生者曲〃 陽〃 巨〃 昌〃

壬生者梁〃 紫〃 左〃 武〃

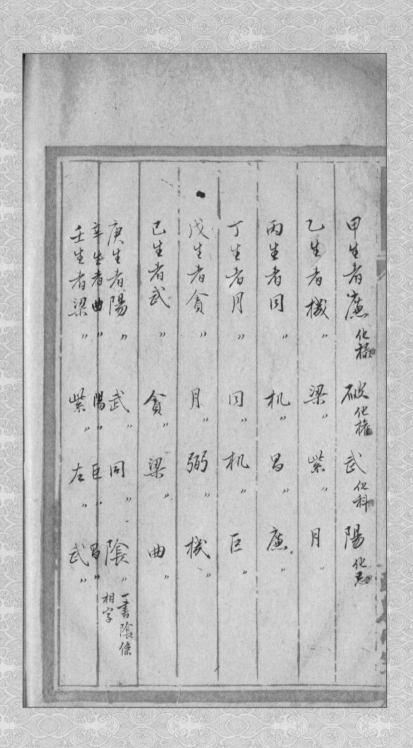

斗數演例

地空地劫為凶殺之星，另有天空、旬空、截空。原註地劫為劫殺星，地空為空亡星，二星入命均不利，子午安命巳亥見空劫最貧

癸生者破〃巨〃陰〃貪〃

安地空（天） 亥宮起子逆數至本生時安之 卯酉空劫最聰靈

安地劫 亥宮起子順數至本生時安之

安天傷 由命宮起順數第六位安之

安天使 由命宮起逆數第六位安之

安十二宮太歲殺祿神◦不拘男女命尋祿存星起陽男陰女順推。陰男陽女逆流。

一博士（屬水主聰明） 二力士（屬火主權勢） 三青龍（屬水主喜氣） 四小耗（屬火破財） 五將軍（屬木主威猛） 六奏書（屬金主福祿） 七飛廉（屬火主孤）

八喜神(屬火主喜氣)　九病符(主病)　十大耗(屬火退祖)　十一伏兵(屬火主口舌)　十二官府(主官符)

安天刑　酉宮起正月順數至本生月安之。

安天姚　丑宮……………………安之

安三台　尋左輔宮起初一日順數至本生日安之

安八座　尋右弼宮……逆……………安之

安天哭　按午宮起子逆數到本生年安之

天虛……………順、至……………安之

安龍池　按辰宮起子順……………………安之

鳳閣　挨戌宮起子逆、、、、、、、、安之

安台輔　挨午宮〃〃順、、、、、、、○○○時安之

安封誥　挨寅宮、、、、、、、、、、安之

安長生、沐浴、冠帶、臨官、帝旺、衰、病、死、墓、絕、胎、養、○男

命順數女命逆數

火局命寅起長生　木局命亥起長生　土局命申起長生

金局命巳起長生　水局命申起長生

安紅鸞　卯宮起子逆數至本生年支○○安之

1.2.3.4.5.6.
7.8.9.10.11.12.

13	14	15	16	17	18	小限
25	26	27	28	29	30	
37	38	39	40	41	42	
49	50	51	52	53	54	
61	62	63	64	65	66	
73	74	75	76	77	78	

甲申旬中空午未　甲午旬中空辰巳

甲辰旬中空寅卯　甲寅旬中空子丑

安大限　陽男陰女從命宮起順移。陰男陽女從命宮起逆轉

命垣安在何宮即從何宮起大限不必退一宮起此係秘傳更正古諸宋明本版皆作命後宮為

安小限　不論陰陽。男順女逆。本生年支

寅午戌年生起辰宮　申子辰年生起戌宮

巳酉丑年生起未宮　亥卯未年生起丑宮

安童限　一歲起　一命　二財　三疾厄　四妻　五福　六官祿。

大限
小限　安
命主
身主

餘年一派順流年。十五命宮看端的。

安命主

子宮安命者尋貪狼所在之宮安命主

亥丑二宮安命者尋巨門……安命主

寅戌宮……祿存……安命主

卯酉宮……文曲……安命主

午宮……破軍……安命主

申辰宮……廉貞……安命主

未巳宮安命者尋貪狼所在之宮安命主

安身主　按生年

子午人火鈴　丑未天相　寅申天梁　辰戌文昌　巳亥天機

卯酉天同

安斗君（即月將星）

由流年太歲宮起正月逆數至本生月又自本生月起子時順數至本生時安之」

「斗君月建　由流年太歲起正月逆數至本生月又由本

算斗君時

生月起子時順數至本生時爲正月

安天德星　按由酉宮起子順數至流年太歲支安之

安月德星　按由子宮起子順數至流年太歲安之」

安解神　按戌宮起子逆數至本生年安之

「安喪門　由流年太歲宮起順數至第三位安之

安弔客　由、、、、、、逆、、、、、、安之」

「安白虎　喪門對宮安白虎

安官符　弔客對宮安官符」

安流祿　按流年太歲天干

流年甲流祿在寅宮　流年乙流祿在卯宮

流年丙戊流祿在巳宮　流年丁己流祿在午宮

流年庚流祿在申宮　流年辛流祿在酉宮

流年壬流祿在亥宮　流年癸流祿在子宮

安流羊　按流羊安在流祿前

安流陀　按流陀安在流祿後

「安飛天三殺（奏書　將軍　直符）。按」（與前飛天三殺同）

小限太歲遇羊陀例

申　酉　戌　七殺↓　亥　小限

流羊　未　子

甲子年生　乙丑太歲

太歲年　流祿　午　丑

命垣

流陀　巳　辰　卯　羊　寅

論流年太歲

假如己丑流年流祿在午○流羊在未○流陀在巳○如甲子生人安命在巳○小限又行在亥○或七殺坐小限○擎羊又在卯宮○卯是三方四正俱見羊陀又見七殺星○必遭毒禍○

守宮星辰落閑宮

紫微在子辰亥宮閑　貪狼在寅申宮閑　天相在辰戌宮閑

七殺在辰亥宮閑　天梁在巳亥宮閑　天機在巳亥宮閑

破軍在巳申宮閑　武曲在申宮閑

北斗星主

紫微屬土　乃中天星主為衆星之樞紐人命之主宰

居身命官祿宮者有相為有用無相則為

孤君

正星

貪狼屬水（木）第一陽明之星（化桃花殺主禍福）

巨門屬土第二陰精之星（晝上屬水化氣為暗主是非）

祿存屬土第三孛祿之星（司爵貴壽星）

文曲屬水第四科甲之星

廉貞屬火第五丹元之星　（化殺因在官祿為官祿主在身命為次桃花）

武曲屬金第六司財之星　（化財為財帛主）

破軍屬水第七天関之星　（化耗司夫妻子女奴僕）

助星

左輔屬土帝極主宰之星

右弼屬水帝極主宰之星　（書上均屬土南北斗善佐為令星）

擎羊屬金斗樞司奏之星　（落星化刑）

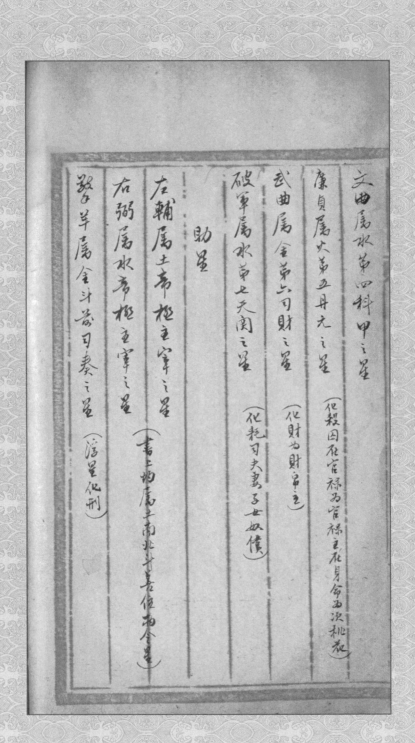

陀羅屬金斗前司奏之星（助星化忌）

南斗星君

天府屬土　乃南斗延壽解厄之星在斗司權為壽之

佐二有相為有用無相為孤立（化令星為財帛田宅主）

正星

天機屬木第一益壽之星（南北斗化善為兄弟主）

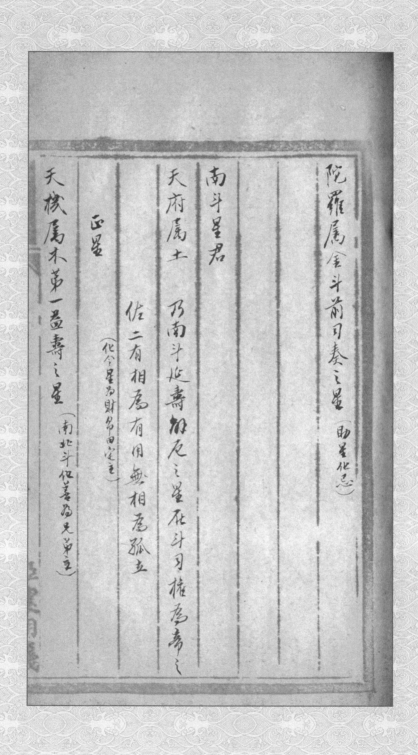

天相屬水第二司祿之星（化印為官祿主）

天梁屬土第三司壽之星（化蔭主壽星）

天同屬水（金）第四益算之星（化福為福德主）

七殺屬金（火）第五上將之星（遇帝為權）

文昌屬金第六魁名之星（南北斗司科甲乃文魁之首）

助星

天魁屬火、在斗中司科之星

天鉞屬火、亦斗中司科之星（即天乙貴人）

火星屬火在斗中大殺將星

鈴星屬火亦斗中大殺將星

中天諸吉星曜

日太陽化貴為火之精也（南北斗化貴為官祿主）

月太陰化祿為水之精也（南北斗化富為財帛田宅主）

化權上界掌殺主殺之神（屬木喜會巨武）

化祿上界掌主福德之神（屬土喜見祿存）

化科上界應試主文之神（屬水喜會魁鉞）

天馬上界驛馬之星（屬火）

紅鸞

天喜上界吉慶之星（屬水）

台輔即台閣之星

封誥即封章之星

三台主貴

八坐主貴

龍池主科甲

鳳閣主科甲

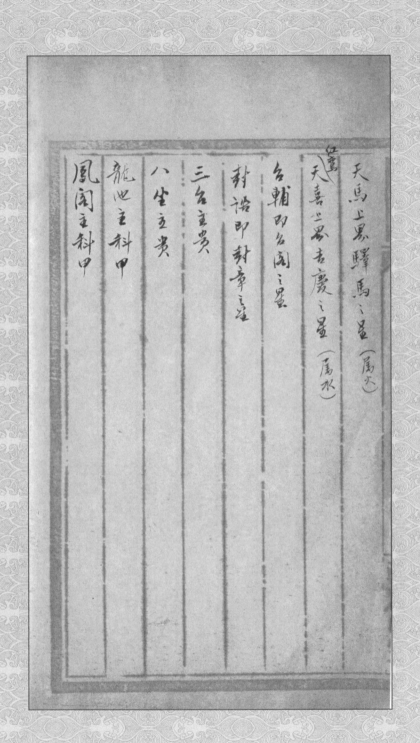

恩光主得聖恩

天貴主大貴

天官主貴顯

天才即才能之神

天壽即壽星

中天諸凶星曜

天傷屬水、上天虛耗之神

天使屬水、上天驛使之神

書上均係屬水

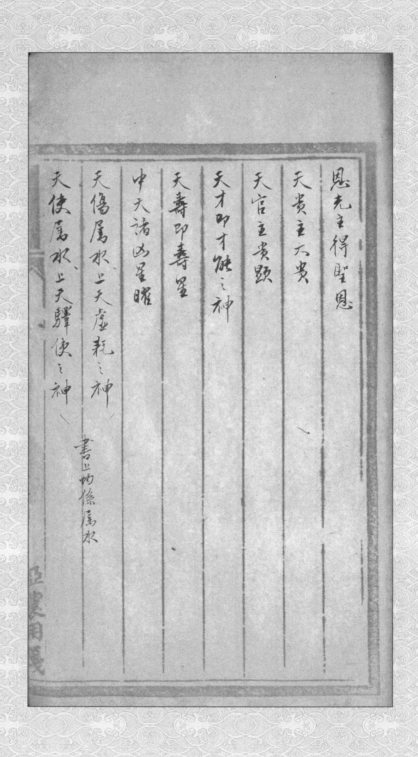

天空屬火、上天空亡之神

地劫屬火、上天劫殺之神

化忌各因星化而屬此乃多管之神（屬水即計都星）

天刑屬火、孤魁之星

天姚屬水、淫佚之星

天虛亦名空亡之星

天哭屬金、刑魁之星

空乃旬中空亡、截路空亡、

孤辰主孤
寡宿主孤
劫殺暴敗之星
華蓋破耗之星

安流年文昌
甲蛇乙馬報君知　丙戊申宮丁己雞
庚猪辛鼠壬見虎、癸人見卯步雲梯

安恩光　按本生日由文昌宮起初一順數至本生日退一步安之

安天貴　按本生日由文曲宮起初一順數至本生日退一步安之

安天官　按本生年天干

甲生人安未宮　己生人安酉宮

乙生人安辰宮　庚生人安亥宮

丙生人安巳宮　辛生人安酉宮

丁生人安辰宮　壬生人安戌宮

戊生人安卯宮　癸生人安午宮

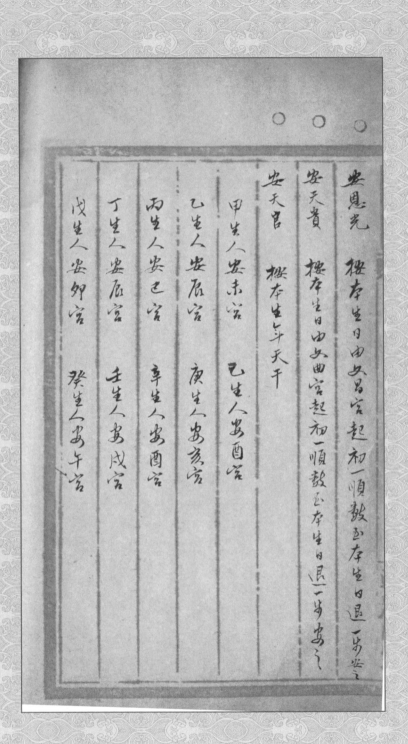

安天福　按本生年

甲生人安酉宮　己生人安寅宮

乙生人安申宮　庚生人安午宮

丙生人安子宮　辛生人安巳宮

丁生人安亥宮　壬生人安午宮

戊生人安卯宮　癸生人安巳宮

安天才　按本命生年地支

由命宮起子順數至本生年安之

安天壽　按本生年地支
由身宮起子順數至本生年安之

安孤辰寡宿　按本生年地支

寅卯辰生人　巳宮安孤辰　丑宮安寡宿
巳午未〃〃　申宮〃〃　辰宮〃〃
申酉戌〃〃　亥宮〃〃　未宮〃〃
亥子丑〃〃　寅宮〃〃　戌宮〃〃

安劫殺　遇長生貴人主貴顯

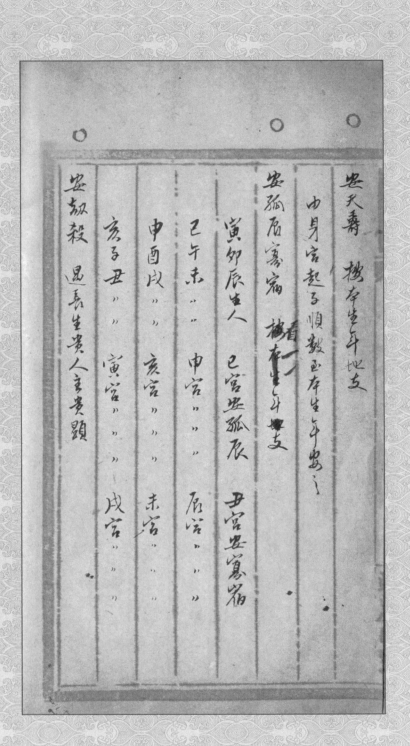

按本生年地支

申子辰生人安巳宮　亥卯未生人安申宮

寅午戌生人安亥宮　巳酉丑生人安寅宮

安華蓋　按本生年

申子辰生人安辰宮　亥卯未生人安未宮

寅午戌生人安戌宮　巳酉丑生人安丑宮

駕

安天空　按本生太歲前一位安之

身主、命主

駕前一位是天空　身命原來不可逢

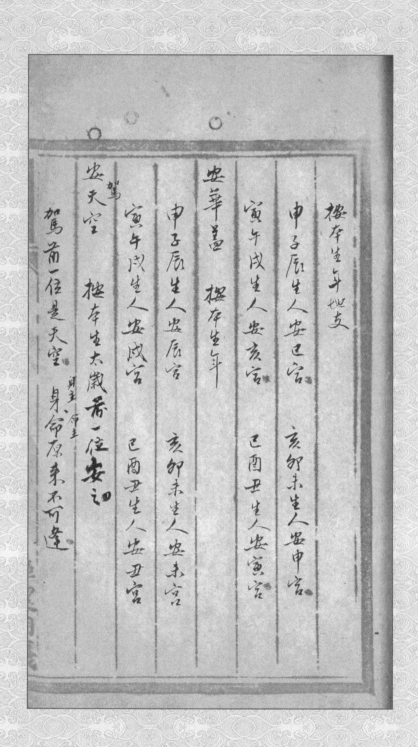

二主祿存若值此　閻王不怕汝英雄

駕印太歲、子年生、子宮為生年的太歲丑宮安天空。二主即命主身主。

安桃花殺

寅午戌生人安卯宮　申子辰生人安酉宮

亥卯未生人安子宮　巳酉丑生人安午宮

安大耗殺　按本生年

子年生安未宮　丑年生安午宮　寅年生安酉宮

卯年生安申宮　辰年生安亥宮　巳年生安戌宮

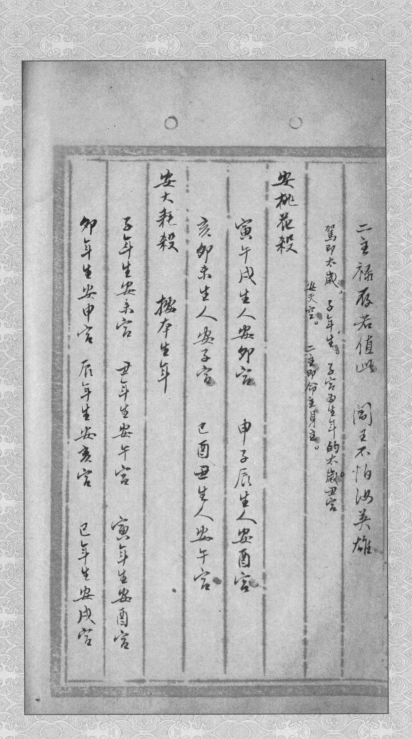

午年生安丑宮　未年生安子宮　申年生安卯宮

酉年生安　宮　戌年生安巳宮　亥年生安辰宮

安破碎殺　按本生年

子午卯酉年生人安巳宮

寅申巳亥生人安酉宮

辰戌丑未生人安丑宮

安生年太歲十二神　按本生年

太歲安生年宮其餘依次順數

安太歲訣

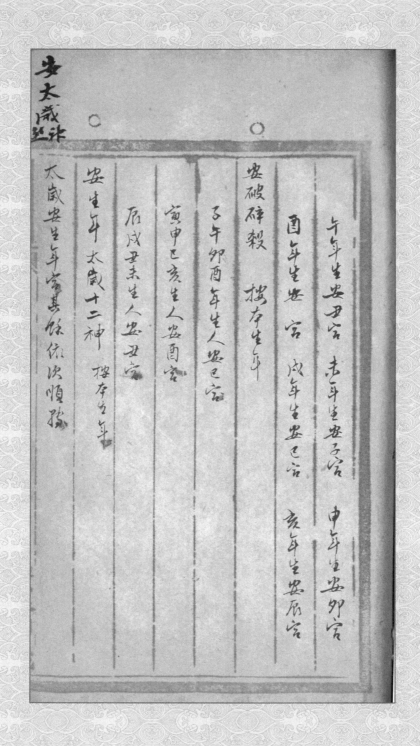

一太歲　二太陽　三喪門　四太陰　五官符　六死符

七歲破　八龍德　九白虎　十福德　十一弔客　十二病符

定竹羅三限

只論三方殺破狼　竹羅三限此中詳

若加巨化暗凶星　會大小限遇入泉鄉

凡大小二限三方四正遇七殺、破軍、貪狼、三星并巨暗星及流年太歲諸星殺、曜交會。其年必凶。

限行得數例　按命宮某局祘

火行寅午巳　金行巳酉申

木行亥寅卯　水土行申亥子

限行反背例　按命宮某局算

火行戌亥　金行丑寅

木行申酉　水土行辰巳

凡閏月生人。十五日以前按所閏之月看。十五日以後按次月份看。

論二限羅網　地網天羅辰戌是也。二限逢之禍多。命弱死亡。

論倒限　大限流年大耗宮　更加祿倒必然凶　巨貪空劫

火鈴位　二限到處不宜逢　貪狼七殺多刑克　湊此方能

論死生　廉貞巨門火鈴星　二限依約莫來臨　又加七殺

破軍照　老人童子再無生

又看諸惡曜三殺三合沖併逢太歲白虎病符死符臨限十無一生

四正　命逢四正最為吉　化曜科權祿最宜

加殺化忌為僧道　女命居此寡可知

陰陽二宮　男命安陽宮、女命安陰宮，發福

八座　人生卯酉時者，身命對照，名曰八座，來臨財、官、遷移、身、命、六位化吉在廟旺富貴。六位俱在陷地又化忌不美。行限亦然。

三台　紫微坐命，前一位為上台，紫微為中台，後一位為下台，有吉凶守照、斷吉凶。男亥、女寅、紫微，壬申生人富貴。

安命四墓　命安四墓及寅申巳亥，夫妻全好。加吉富貴，加凶退減。四墓夫妻尤稱意。加權祿主照，男子為官。

女封誥

天機巳亥宮安命宮 富均如願好飲多機謀離宗遠親

論男女邪僻 貪貞破軍落地 遇劫化忌不利

男奸盜女淫娼 四殺照命最无良

貪柔巳亥居落地 破軍卯酉不為榮

加柔遇劫為奸盜

命垣安在何宮即從何宮起大限 不必過一宮起

安火鈴 空劫 從歌訣內所標某字起子推至本生時

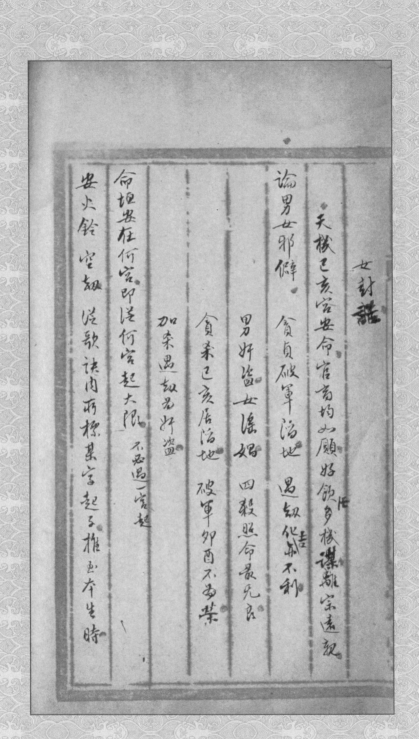

四星變化中　壬年干係梁紫左武

以上數語皆秘傳吏臣考諸宋明木版皆然而後定焉

命主身主關係很重二主逢刼空衣食不足

斷橋截路（天空為斷橋）大小限皆不可行

多學少成只為擎羊逢刼殺

空刼羊鈴作九流之術士

謀而不遂命限逢入擎羊　詭詐虛浮羊陀陷地

天機天梁擎羊會早有刑而晚見孤

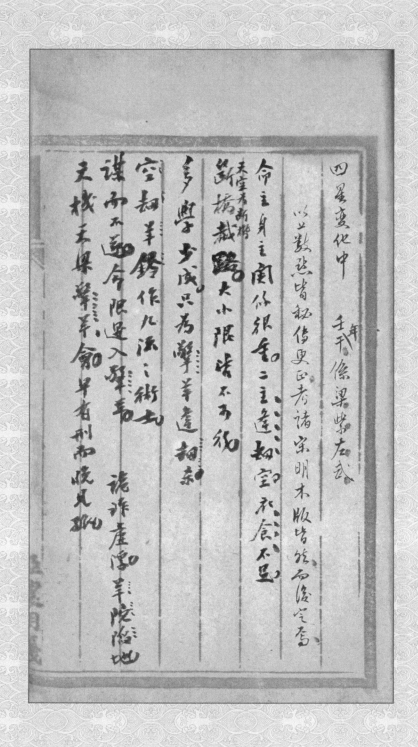

生尅
制化

五行生尅制化歌

各有喜忌不同，配各宮位及諸星形度
上看之

金賴土生，土多金埋。　土賴火生，火多土焦。
火賴木生，木多火熾。　木賴水生，水多木飄。
水賴金生，金多水冷。
金能生水，水多金沉。　水能生木，木盛水縮。
木能生火，火多木焚。　火能生土，土多火晦。
土能生金，金多土變。
金能尅木，木堅金缺。　木能尅土，土重木折。

土能尅水水多土流　水能尅火火多水熱

火能尅金金多火熄

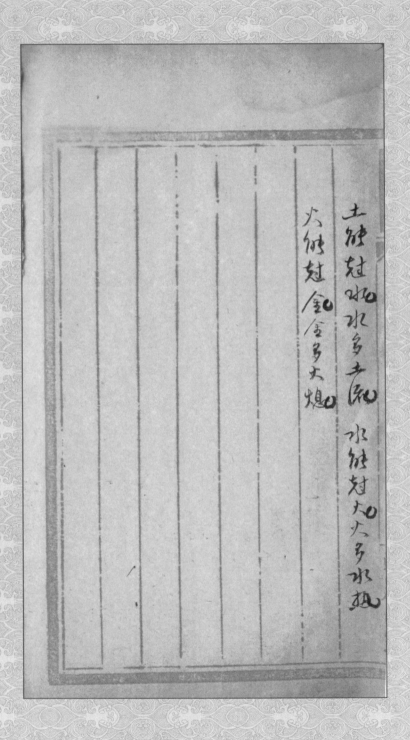

十二宮諸星生尅制化論

宋扶搖子白雲先生著

寅卯屬木。巳申屬土。午未屬火。辰戌屬金。亥子丑屬水。宮分各有所屬。武曲屬金。貪狼屬木。廉貞屬火。巨門屬土。破軍屬水。各星性各有分野。凡看數者。先取生旺墓庫。次看星辰落在何宮。假如金入火鄉。木入金鄉。水入土鄉。火入水鄉。土入木鄉。是爲受制。受制則爲有他。只福與福亦不可執一例而推。如文昌金曜在午。乃入火鄉。入廟謂之星臨廟位。必見雄戰之機。但不可逢空。

若得天機同位。天機乃木曜。木能生火。逢土謂之有用。
餘做此。又如文曲水曜在午。逢文昌金曜同垣。其文昌文曲
氣味相投。謂之水火既濟。亦有發輝。若與破軍水曜
同宮。文昌受制。是謂水多金沉。雖入廟無用。餘做此。依為金
入土鄉。木入水鄉。水入金鄉。火入土鄉。土入火鄉。是謂得地。
雖陷有用。又如廉貞火曜在寅卯木之鄉。為木能生火
得垣。若武曲金曜與廉貞同度。則武曲為財亦無用。
餘做此。又如火廉貞化水忌在亥子丑水鄉。則水能尅

以火廉貞化忌、被水尅去、故不能為害、

火雖忌無害，假倣此。此五行生尅制化之理，在学者詳之。看命先看本命納音屬何星。如甲子乙丑海中金，即以金星為主，乃看武曲屬金在何宮分，以辨禍福。餘倣此。若在生旺之鄉，或在貴人之位，與官祿同宮，便為吉論。若與七殺刑忌同躔，乃為下等之論。看命要看數法淺深，先以命主為緊，身主為次，於後可以富貴参論，便知富貴貧賤定矣。假如土生人，巨門是土星，甚宜化曜，却不可作暗曜而論。若日地不陷。更有吉會，則爲吉而不可言禍矣。看命不過明生尅制化時數落象。最喜長生帝旺之鄉。所宜者紫微天府貴人祿馬之位，怕落空亡。且帝星不宜獨立，有府相左右，方為有佐之君。殺曜不可群居，乃是凶徒作黨。紫府日月左右夾命宮為貴，斷應貪破軍耗因入命宮作破論。衆善同宮，其福必集；諸凶反背，其禍非輕。大限重十年之禍福，小限惟一歲之榮枯。大限從寬，小限求例似論

大限未到小限雖衰何妨故流年諸殺身殺命殺流殺病符死符白虎太歲火鈴官符喪弔之類見之雖或困災若限數堅牢其災稍免術者詳之

看命要識大要非要命要身之後先看身命坐生旺墓庫之鄉不落空亡祿馬不落空亡須以正藏地空為學次看紫微帝相得地如何若帝星失躔則看對照星武曲得地何如方可論富貴其貴者先看太陽得度其富者又看太陰不陷其貧

者更看身命宮吉曜背陷倘逢惡殺則使以貧賤論之

看命要審男女富貴之說如身命皆吉更遇好限並無破敗自然發跡終身福厚如松柏之茂雨露之滋榮後好看

看命要審男女平穩之說如身命根源堅固便有遇限不稱亦主寧泰安然縱有殺湊破敗之事此中有救身命不妨害

看命要看男女貧窮之說如身命無吉便使惡殺來湊

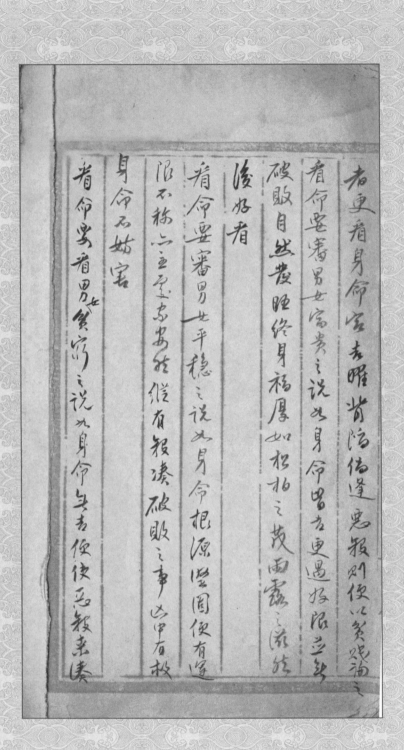

出身宮（微）衣祿艱辛、卻能平地發福、只十年遇好運限、十年後徐徐而退、財散家破、官衰衰之多、死有之矣、蓋因命吉曜不能坐困、謂之辛富是也、

凡命有合照（拱）之星、有正照之星、有拱照夾照之星、然正不如拱、合不如夾、正照偏照之為禍福難、合照夾照之為福禍易、何謂正、對宮是也、何謂合、三合是也、何謂拱、四正是也、何謂夾、前後是也、然夾宮雖惡而本宮見吉星正坐、則亦可以福言、夾宮雖善而本宮而惡曜暗臨、則寧以凶論、凡身宮宜清

生七六唱　郭鋘珊之排向

穿騎撻來多生計　深入作纏難大宗

僥倖功名亦大難　横行沙解易生擒

水生金局人破軍為主星

金生人武曲為主星

木生人天機為主星

火生人廉貞為主星

土生人巨門為主星